Pregunta

¿Importa lo que creo o lo que dejo de creer?

Suposición

Las creencias no importan. Lo único que importa en la vida es obtener lo que deseamos. Con tal que seas feliz, no importa lo que creas.

Cuestionamiento

Supongamos que ves el auto deportivo de tus sueños, en perfecto estado, en un sitio de Internet. El vehículo está impecable. Te entusiasmas tanto que usas todo el dinero que tienes ahorrado para comprarlo. Pero cuando te entregan el auto, ¡qué desilusión! Tiene el motor fundido, los neumáticos pinchados, y hay varias partes oxidadas en la carrocería. ¡Te estafaron!

Estabas convencido de que el auto estaba en perfectas condiciones, pero no verificaste si era verdad lo que creías. Las ideas que te formaste sobre el auto determinaron lo que hiciste con tu dinero. Lo mismo pasa en la vida. Lo que creas acerca de la vida y del mundo en que vives determinará cómo vives y lo que harás con tu futuro. Es importante examin[...] detenid[...] nuestras creencias para ver si son ciertas. Nadie quiere pasar su vida haciendo algo vano. La vida es mucho más importante que un auto deportivo, los celulares, la moda o los videojuegos. Los avisos comerciales prometen diversión y popularidad si compramos tal o cual producto; aunque, en el fondo, nadie desea que la vida se limite a eso. Queremos que nuestra vida tenga sentido, que valga la pena y sea significativa.

> [...] *importancia; pero si es verdad, su importancia es infinita. Lo único que el cristianismo no podría ser es medianamente importante».*
>
> C.S. LEWIS

Puede que haya sido emocionante comprar un auto deportivo, pero al final, no valió la pena. Las creencias no «sirven» realmente si son falsas y hacen que nos equivoquemos. Cuanto más importante sea el tema en cuestión, tanto más peligroso será creer algo que sea una falsedad.

Piensa en las consecuencias

Lo que creas acerca de Dios afectará todas tus decisiones y resultará en beneficio o en perjuicio para tu vida. En ocasiones, esto puede parecer abrumador; pero recuerda que Dios no espera que conozcas todo sobre la vida. Además, Él prometió guiarte a la verdad y al entendimiento mientras transites por la vida. Solo tienes que pedírselo. Jesús dijo: «Pidan, y se les dará; busquen, y encontrarán; llamen, y se les abrirá» (Mateo 7:7). Pero esta invitación viene acompañada de una pregunta: ¿Cómo puedes pedir ayuda a Dios si no conoces al Dios a quien buscas? Procurar conocer al Dios vivo y verdadero es una de las actitudes más seguras y sólidas que puede adoptar una persona.

PREGUNTA

Cuando la vida nos golpea, ¿le importa a Dios?

SUPOSICIÓN

Puede que haya un Dios en algún lado, pero no se interesa en mi vida. Si Dios me amara, haría algo para solucionar los problemas de mi vida.

CUESTIONAMIENTO

Cuando la vida se complica y no entendemos lo que Dios está haciendo, es fácil sentir que Él está ausente o que no le importa. A pesar de todo, recuerda que Dios también entiende el sufrimiento; y no nos comprende como un mero observador, sino como alguien que lo vivió en carne propia. La Biblia enseña que Jesús no fue solo un gran líder, el salvador perfecto y el maestro más sabio, sino que fue Dios mismo. En Jesús, Dios se encarnó y nos demostró que sabe lo que es ser humano: el abandono, el sufrimiento y la muerte. Estuvo dispuesto a morir y predijo su muerte: «...el Hijo del hombre [Jesús] será entregado a los jefes de los sacerdotes y a los maestros de la ley. Ellos lo condenarán a muerte y lo entregarán a los gentiles para que se burlen de él, lo azoten y lo crucifiquen. Pero al tercer día resucitará» (Mateo 20:17-19). Jesús no había cometido ningún delito, pero murió como un delincuente.

© Lukasz Laska

Los seguidores de Jesús seguramente perdieron toda esperanza; poco sabían que la muerte de Jesús no sería el fin de la historia. Tres días después de ser crucificado, Jesús resucitó a una vida nueva. Se apareció a cientos de personas, sus seguidores lo vieron y hablaron con Él, incluso lo tocaron para confirmar que estaba realmente vivo (1 Corintios 15:6).

Hubo razones para el sufrimiento de Jesús, aunque ni siquiera sus seguidores lo supieron en ese momento. Solo después comprendieron que la muerte de Jesús en la cruz hizo posible que todos pudieran recibir el perdón de sus pecados y reconciliarse con Dios. La resurrección de Jesús probó de manera concreta que Dios puede dar vida nueva a todos quienes la acepten. Tal vez pareció que Dios estaba ausente mientras Jesús sufría, pero estuvo junto a Él todo el tiempo, para que todo obrara para bien.

> *«Dios está más interesado que nosotros en nuestro futuro y nuestras relaciones».*
>
> BILLY GRAHAM

Piensa en las consecuencias

Jesús estuvo dispuesto a sufrir tanto porque la vida de cada persona vale mucho para Él. No porque seamos buenos o porque hayamos logrado algo grandioso, sino por quienes somos: seres creados y amados por Dios. En la vida de Jesús, podemos ver que Él se acerca y camina a nuestro lado, comparte nuestros problemas y nos infunde esperanza para que sepamos que el sufrimiento no es el final sino el principio de una vida nueva.

10 objeciones muy comunes

Preguntas difíciles sobre el CRISTIANISMO

B&H Español

LOS INTERROGANTES DE LA VIDA

Algunas preguntas son de gran importancia, pero fáciles de responder, tal como: ¿Es prudente conducir a 150 km/h (90 mph) cuando la velocidad límite es de 40 km/h (25 mph)? Por supuesto que no, y sería una imprudencia con graves consecuencias si un conductor desconociera este hecho.

Otras preguntas son complejas, pero no son tan importantes. ¿Cuál es la raíz cuadrada de 983.297? Es una pregunta difícil, pero no nos afectará si nos equivocamos. (Salvo que quieras estudiar matemáticas en una universidad importante... en ese caso, convendría que te pusieras a estudiar ¡ya mismo!)

© luchschen

Las preguntas en este folleto, además de ser difíciles, son importantes. Las respuestas serán categóricas porque impactarán nuestra vida. Tratan sobre Dios, el bien y el mal, la fe, la justicia, el dolor, las relaciones, el amor, y la vida y la muerte. Son complejas porque las respuestas no son obvias y pueden ser controvertidas. Este folleto presenta las preguntas de una manera novedosa, con el propósito de ayudarnos a diferenciar lo verdadero de lo falso.

Presentación

PREGUNTA

Son preguntas comunes que la gente se hace. Tal vez, tú mismo te las planteas; o quizás alguien las usó para cuestionar tu fe.

SUPOSICIÓN

Las preguntas se basan en suposiciones que la gente acepta consciente o inconscientemente. Las suposiciones son creencias u opiniones, aquello que damos por sentado porque lo aprendimos de los amigos, la familia, la escuela, las películas, los libros... vaya uno a saber dónde. Sin embargo, como con cualquier idea, las suposiciones deben examinarse.

CUESTIONAMIENTO

¿Son verdaderas estas suposiciones? Cuestionarnos las suposiciones servirá para entender lo que nosotros creemos y para ver las cosas desde otro punto de vista. Si las suposiciones son erradas, es posible llegar a conclusiones erróneas. Si descubres que tus suposiciones no se corresponden con la realidad, tal vez convenga cambiarlas.

Piensa en las consecuencias

Si Dios existe, ¿qué implica esto para tu vida? Si Él se ha revelado, ¿cómo es? ¿Qué tiene para decirte?

Pregunta

Si Dios ama a todos, ¿por qué enviará algunas personas al infierno?

Suposición

Un Dios de amor no enviaría a nadie al infierno. Si Dios realmente amara a las personas, no castigaría con el infierno a quienes no creen en Él.

Cuestionamiento

¿Qué es el infierno? Estar en el infierno es sufrir la terrible separación de la bondad de Dios. Dios no quiere que nadie viva apartado de Él ni tampoco desea ni le complace que haya gente en el infierno (Ezequiel 18:23). El infierno es lo contrario a todo lo que Dios quiere para la humanidad.

¿Por qué, entonces, habrá gente en el infierno en vez de estar en el cielo? Dios es amor, pero los seres humanos obran sin amor, por eso hay pecado y maldad en el mundo. Cuando hacemos el mal dañamos nuestras relaciones con los demás, aunque no haya sido nuestra intención. La humanidad hizo lo malo y rompió su relación con Dios. La gente niega a Dios, lo desobedece, lo ignora y no cree en sus palabras. Cuando procedemos de esa manera, se rompe la relación que deberíamos tener con un Dios bueno y perfecto. Como un hijo o una hija que abandona a sus padres, muchas personas rechazan la verdad de Dios, lo desobedecen y no desean tener una relación con Él. El infierno es el destino al que llega el individuo que huye de Dios.

Todas las personas se han alejado de Dios, pero no todas deciden aceptar el ofrecimiento de Dios para reconciliarse con Él. Dios ofrece su perdón, pero algunas personas se apartan de Dios y prefieren vivir separadas de Él. Como un padre amante, Dios siempre está dispuesto a aceptarnos y tener una relación con nosotros. Quiere que andemos por el camino que nos lleva hacia Él y que no nos alejemos de Él.

«Nadie sabe lo malo que es hasta que intenta de verdad ser bueno.»

C.S. LEWIS

«Dios no puede darnos felicidad y paz separados de Él, porque no existen fuera de Él. Es imposible».

C.S. LEWIS

Piensa en las consecuencias

Nadie puede hacerse suficientemente «bueno» para obtener la vida eterna y evitar el infierno. Jesús hizo posible el perdón para todos. Nuestra relación con Dios solo se puede transformar si creemos en Jesús. La Biblia describe un encuentro de Jesús con una persona que deseaba saber más sobre esta transformación. La respuesta de Jesús fue: «Porque tanto amó Dios al mundo, que dio a su Hijo unigénito [Jesús], para que todo el que cree en él no se pierda, sino que tenga vida eterna. Dios no envió a su Hijo al mundo para condenar al mundo, sino para salvarlo por medio de él» (Juan 3:16).

Pregunta

¿Acaso no son todas las religiones iguales?

Suposición

Todas las religiones, incluso el cristianismo, enseñan prácticamente lo mismo. Son solo caminos diferentes para tener una vida mejor y cultivar la espiritualidad.

Cuestionamiento

¿Alguna vez buscaste en Internet el mapa de una ciudad para averiguar cómo llegar a una dirección, pero a pesar de seguir las indicaciones, te perdiste porque el plano tenía errores? Las calles no se cruzaban exactamente como estaba representado, y las instrucciones decían que había que doblar a derecha cuando, en realidad, había que doblar a la izquierda. Un buen mapa representa fielmente las calles y no tiene imprecisiones geográficas.

Las religiones son como los mapas de la vida. Proponen afirmaciones acerca del mundo. Intentan responder a los interrogantes de la vida: ¿De dónde venimos los seres humanos? ¿Por qué está el mundo como está? ¿Cómo lo arreglamos? ¿A dónde iremos cuando esta vida termine? Los diferentes sistemas de creencias (religiosos o no religiosos) proponen diferentes respuestas. El ateísmo afirma que Dios no existe; el cristianismo afirma que Dios nos creó. El hinduismo afirma que seremos reencarnados después de morir; el cristianismo afirma que solo vivimos una vez. Para el islam, Jesús fue un profeta más; para el cristianismo, Jesús fue Dios en forma humana. Muchas creencias necesariamente deberán ser falsas porque, por lógica, *todas* no pueden ser verdad.

Superficialmente, algunas religiones pueden parecer similares porque se plantean preguntas parecidas; pero las respuestas son diferentes. Por ejemplo, tanto el cristianismo como el budismo enseñan sobre la paz. Sin embargo, hay una diferencia: para el budismo, la paz significa perder la propia identidad en el universo y no desear más nada. En el cristianismo, la paz implica un profundo deseo de tener una relación con Dios. Si profundizamos en lo que realmente enseñan las religiones y otros sistemas de creencias, veremos que postulan cosas distintas acerca del mundo y responden de manera diferente a los interrogantes de la vida. Si los postulados de la fe cristiana son verdaderos, las religiones que enseñan una cosa distinta sobre el mundo se asemejan a los mapas con instrucciones erradas: no servirán para llegar bien al destino.

© Chris Schmidt

Piensa en las consecuencias

Jesús no fue un simple líder religioso: Él no afirmó que vino a *mostrar* el camino a Dios, dijo que Él *era* el camino. Jesús dijo: «Yo soy el camino, y la verdad, y la vida; nadie viene al Padre, sino por mí» (Juan 14:6, RVR 1960). Dios se reveló en la persona de Jesucristo y nos invita a tener una relación con Él para conocer la verdad sobre la religión. Jesús es el mapa preciso que nos guía a Dios.

«Tenemos derecho a creer lo que queramos, pero no todo lo que creamos será cierto».

RAVI ZACHARIAS

Pregunta

¿Acaso puede alguien afirmar que conoce la verdad?

Suposición

Nadie puede saber cuáles creencias religiosas son verdaderas o falsas; los cristianos, por lo tanto, tampoco pueden afirmar qué es la verdad. La verdad es relativa.

Cuestionamiento

El relativismo alega que no podemos determinar la verdad. Ese es justamente el problema. Tomemos la afirmación: *No podemos determinar la verdad*. Si el relativismo fuera cierto, esta afirmación debería ser verdadera. Pero el relativismo afirma que es imposible determinar la verdad o falsedad de algo; por lo tanto, es imposible saber si esa afirmación *—No podemos determinar la verdad—* es verdad. El relativismo se autorrefuta, por eso cae en el absurdo, porque la verdad existe.

En realidad, la gente decide continuamente qué cosas damos por verdaderas o cuáles por falsas. Supongamos que intentas infructuosamente comunicarte con un amigo por teléfono. ¿Qué se te ocurre pensar? Como vives en un edificio, quizá te encuentres en una zona donde la señal telefónica no llega. Como sabes que el celular se te cayó al piso, tal vez pienses que se dañó. El asunto es que decidimos qué cosas damos por verdaderas o falsas todo el tiempo; en función de los datos disponibles, intentamos encontrar una explicación que tenga sentido.

No hay diferencia entre esto y la verdad que las religiones se atribuyen. Los cristianos creen que las enseñanzas de la Biblia sobre Dios, la humanidad, la historia, la naturaleza y nuestra vida son la mejor explicación del mundo y de la experiencia humana. Esto no implica que sea necesario probar irrefutablemente todas las enseñanzas cristianas antes de creer que el cristianismo es verdad. Basta observar la complejidad de la naturaleza para deducir que tiene que haber un Creador que le dio origen. Podemos observar nuestra propia conciencia y la noción que tenemos del bien y del mal, y concluir que debe haber un Ser supremo que determina el bien y el mal. Podemos ser testigos de vidas transformadas para mejor cuando las personas siguen de veras las enseñanzas de Jesús y comprenden que Dios es el dador de una vida nueva y auténtica.

> *«No confiamos porque existe "un Dios", sino porque existe este Dios en particular».*
>
> C.S. LEWIS

Piensa en las consecuencias

Al intentar discernir la verdad de las afirmaciones *sobre* Dios, recuerda que Dios en sí mismo no es un objeto ni una afirmación que pueda comprenderse. Dios es una persona. Por lo tanto, el verdadero conocimiento de Dios será personal. Jesús dijo: «Si se mantienen fieles a mis enseñanzas, serán realmente mis discípulos; y conocerán la verdad, y la verdad los hará libres» (Juan 8:31-32). Para conocer la verdad que nos hace libres es necesario convertirse en discípulo de Jesús, estar dispuestos a aprender de Él y a ser sus seguidores. Conocer a Dios es más que entender una lista de verdades: es conocer a Dios a través de Jesús.

Pregunta

¿Por qué tendría que ser cristiano cuando hay tantos hipócritas en las iglesias?

Suposición

Las iglesias están llenas de gente que no pone en práctica lo que predica. Dicen que aman a todas las personas, pero en realidad solo se aman a sí mismos.

Cuestionamiento

La palabra *hipócrita* deriva de una palabra griega que significa «actor escénico». Hipócrita es la persona que finge estar a la altura de una norma elevada de justicia o de bondad, cuando en realidad está demasiado lejos de alcanzar esa norma. Jesús no escatimó palabras cuando tuvo que enfrentar a los hipócritas religiosos de su tiempo. Los calificó de «sepulcros blanqueados». Luego agrego: «Por fuera lucen hermosos pero por dentro están llenos de huesos de muertos y de podredumbre. Así también ustedes, por fuera dan la impresión de ser justos pero por dentro están llenos de hipocresía y de maldad» (Mateo 23:27-28). Fueron palabras duras de Jesús, con intención de sacudir a los jefes religiosos, para que abandonaran la falsa idea que tenían de sí al considerarse mucho mejor que todos los demás.

Nadie es perfecto: ni dentro ni fuera de la iglesia. Aun quienes tenemos las ideas más nobles en alguna ocasión (tal vez en muchas) no podremos cumplir nuestros propios estándares. Dios quiere que nos veamos como realmente somos: personas que cometemos errores, que no siempre obramos bien, y que decimos y hacemos cosas lamentables. Por supuesto, esto significa que otras personas imperfectas —incluso los cristianos— en ocasiones nos defraudarán. En el proceso de crecer para ser más como Jesús, será inevitable no estar siempre a la altura de nuestros estándares. La clave para progresar es el perdón: aprender a perdonar a las personas que nos decepcionan, pedir perdón a las personas a quienes hemos defraudado y pedir el perdón de Dios; es comprender que nadie está siempre a la altura de las circunstancias y dejar de proceder como si fuéramos perfectos.

Piensa en las consecuencias

Jesús relató la historia de un jefe religioso y de un recaudador de impuestos que fueron al templo a orar (Lucas 18:9-14). (Los recaudadores de impuestos de aquella época tenían fama de cobrar de más y quedarse con la diferencia.) El líder religioso oró a Dios y le agradeció porque él no era un pecador como el recaudador de impuestos. En cambio, el recaudador de impuestos oró: «¡Oh Dios, ten compasión de mí, que soy pecador!». Jesús dijo que el recaudador de impuestos arrepentido «volvió a su casa justificado ante Dios. Pues todo el que a sí mismo se enaltece será humillado, y el que se humilla será enaltecido». Dios no quiere personas complacidas consigo mismas, sino que quiere personas que busquen su perdón, porque Él tendrá compasión de todos los que se lo piden.

Pregunta

¿Acaso puede alguien determinar el bien y el mal?

Suposición

Cada individuo decide qué está bien y qué está mal. Nadie puede decirle a otra persona qué está bien o qué está mal.

Cuestionamiento

Llevemos esta idea a su conclusión lógica. Si la suposición fuera correcta, ¿cómo sería posible siquiera responder las siguientes preguntas?

- ¿Está bien que dañemos el medio ambiente?
- ¿Vale la pena intentar acabar con la pobreza extrema?
- ¿El racismo es inmoral? ¿Y la discriminación sexual?

Si no es posible determinar el bien y el mal, tampoco será posible afirmar cómo deberíamos conducirnos en las situaciones anteriores. ¿Cómo podemos luchar contra el mal en este mundo o defender el bien si no estamos en condición de afirmar que algo es mejor o peor que otra cosa? Por el contrario, para hacer que este mundo sea un mejor lugar para todos, deberíamos poder afirmar que algunas conductas son malas para todos (tales como el racismo, el genocidio y la destrucción del medio ambiente) y que otras conductas son buenas para todos (tales como ayudar a los pobres, defender los derechos civiles y proteger a los niños).

> *«Si Dios existe y fuimos hechos a su imagen, la vida tiene sentido verdadero y podemos tener conocimiento verdadero por medio de lo que Él nos comunicó».*
>
> FRANCIS SCHAEFFER

Esta suposición no solo es peligrosa en lo que atañe a los problemas sociales y mundiales, sino que pocas personas son consecuentes cuando la ponen en práctica. Imagínate que vas caminando por la calle y te roban la billetera, tu iPod y tus joyas. Te disgustas, ¿no? ¡Aguarda un momento! Si no es posible afirmar qué está bien o mal para todos, ¿quién eres para decirle al ladrón que actuó mal? ¿Entiendes el problema? Afirmar que nadie debería decir qué está bien y qué está mal puede parecer una estrategia útil para evitar que los demás juzguen nuestras decisiones, pero basta con que algo nos perjudique, como cuando nos roban, para que seamos los primeros en reclamar: «¡Eso está mal!»

© Lorelyn Medina

Piensa en las consecuencias

Si Dios existe, tus decisiones no dependen solo de ti. Hay decisiones correctas e incorrectas, hay acciones buenas y malas, cosas que Dios quiere para tu vida y cosas que no quiere. Esto significa que debemos dejar de insistir en que podemos hacer cualquier cosa que queramos, cuando lo deseemos. El adicto a las drogas puede pensar que es libre porque puede consumir cualquier sustancia a su antojo, pero no gozará de verdadera libertad hasta tanto no decida cambiar su modo de vivir y dejar de consumir drogas. La verdadera libertad es aceptar el plan de Dios para tu vida y renunciar a todos los obstáculos que te impidan cumplirlo.

Pregunta

¿Cómo puede ser verdad la fe cristiana cuando los cristianos han cometido tantas injusticias?

Suposición

En el curso de la historia, la iglesia cristiana ha maltratado, esclavizado y matado a mucha gente. Por lo tanto, el cristianismo no puede estar en lo cierto.

Cuestionamiento

Los cristianos y sus instituciones han emprendido campañas militares en el nombre de Cristo, han esclavizado a diversos pueblos y han explotado a los más vulnerables. Por desgracia, mucha gente ha tergiversado algunos versículos de la Biblia para justificar sus atrocidades y se ha atribuido el título de «cristiano» para obtener poder y riquezas. Estas acciones son completamente contrarias a las enseñanzas de Jesucristo. Los cristianos deben condenar decididamente las atrocidades cometidas en el nombre de Cristo. Pero en la historia también hay muchos ejemplos de cristianos que pusieron en práctica las palabras de Jesús. Pensemos en la madre Teresa, que pasó su vida ayudando a los pobres de la India; en William Wilberforce, que durante décadas luchó para abolir la esclavitud en Inglaterra; y en el Rev. Martin Luther King, Jr., que entregó su vida en su lucha por la igualdad y los derechos civiles. Hay organizaciones cristianas que ayudan a millones de personas de todo el mundo, con el propósito de luchar contra la injusticia, llevar alimento y auxilio después de un desastre natural y procurar acabar con la indigencia.

> *«¿Cómo rescata Dios la vida de los necesitados de las manos de los malvados? Casi siempre, sin excepción, lo hace por medio de quienes decidieron obedecerlo en fe y obediencia. Dios no necesita nuestra "ayuda", pero quiere usarnos».*
>
> GARY HAUGEN

La verdad del cristianismo no resultará de sumar y restar los ejemplos de obras buenas y malas que los cristianos han realizado. Ni tampoco será falso porque alguien que se llama cristiano no pone en práctica lo que realmente significa ser cristiano. A modo de ejemplo:

Premisa: Algunas personas han cometido atrocidades en el nombre de Cristo.

Conclusión: Por lo tanto, el cristianismo es falso.

Es evidente que la conclusión no se deduce de la premisa; sería como decir que la medicina debe ser falsa porque algunas de las personas que dicen ser médicos son impostores. Las enseñanzas de Jesús son verdad hoy como lo fueron aquel primer día en que Él pronunció su mensaje.

Piensa en las consecuencias

Jesús describió su ministerio en la tierra con estas palabras: «El Espíritu del Señor está sobre mí, por cuanto me ha ungido para anunciar buenas nuevas a los pobres. Me ha enviado a proclamar libertad a los cautivos y dar vista a los ciegos, a poner en libertad a los oprimidos» (Lucas 4:18). Como seguidores de Jesús, hemos sido llamados a seguir los pasos de Jesús y ser parte del plan de Dios para llevar las buenas nuevas a los pobres y los necesitados, y para rescatar a los perdidos y oprimidos.

Pregunta

¿Cómo pueden los cristianos creer en Dios cuando la evolución es un hecho comprobado?

Suposición

La evolución es un hecho científico que contradice la Biblia.

Cuestionamiento

Si nos guiamos por lo que se presenta en las películas, las revistas y los libros de texto escolares, parecería que la evolución es un hecho incontrovertible. Sin embargo, hay motivos para poner en tela de juicio esta idea... y muchos científicos están haciéndolo. Más de setecientos científicos firmaron un documento en que plantean su escepticismo sobre la evolución darwiniana y llaman a profundizar el análisis científico de los méritos de la teoría de la evolución (http://www.DissentFromDarwin.org).

Además, en el mundo natural, hay indicios que sugieren la existencia de un Creador. Muchas cosas en la naturaleza parecen tener un diseño, y cuando hay un diseño aparente, con toda probabilidad existe también un diseñador. Supongamos que encuentras una computadora en perfecto estado en un terreno baldío. Nada te hará pensar que los componentes de esa computadora de pronto se conectaron precisamente para armar ese aparato complejo. En cambio, la mejor explicación será que, dado que la computadora parece haber sido diseñada para funcionar de una manera en particular, seguramente hubo un diseñador que la armó. Los científicos continuamente aprenden más y más sobre la enorme complejidad de la vida biológica y sus funciones: la información contenida en el ADN, los patrones matemáticos presentes en la naturaleza, las complejas funciones celulares, etcétera. Hay muchas cosas naturales que parecen estar diseñadas para cumplir funciones específicas: no parecen ser accidentes aleatorios de la naturaleza. La presencia del diseño es indicio de un diseñador, un Creador, que trasciende el mundo natural. (Ver los recursos sugeridos en la página siguiente para conocer más sobre estos ejemplos de diseño y las debilidades de la teoría de la evolución.)

Piensa en las consecuencias

A veces se cree que la evolución es verdad no tanto por las supuestas pruebas científicas sino debido a una cosmovisión conocida como *naturalismo*. El naturalismo afirma que el universo es un sistema cerrado de materia y energía. Lo único que existe es el mundo material; por lo tanto, creer en Dios, o en cualquier cosa espiritual, es creer en una fábula.

Tomemos la pregunta: «¿Cómo se creó el ser humano?». Si se parte del naturalismo, solo es posible postular que la existencia de la humanidad se debe a procesos naturales sin propósito. Esto implica que la evolución (o cualquier proceso semejante) es la única posibilidad. Como el naturalismo descarta a Dios desde el principio, los seres humanos deben ser un hecho fortuito de la historia natural. En cambio, si no partimos del naturalismo y aceptamos la posibilidad de que pueda existir algo más aparte del mundo material, caben otros postulados para explicar el origen de los seres humanos. Por ejemplo, pueden haber sido formados por un Dios que creó la vida y que nos diseñó con un propósito.

legalmente? No. La esclavitud es mala aun cuando la mayoría de la gente opine que está bien. La esclavitud era mala cuando los gobiernos declaraban su legalidad y seguiría siendo mala aun si todos los gobiernos la legalizaran.

Para poder afirmar que algo es bueno o malo, las personas necesitan una referencia del bien y del mal que esté por encima de cualquier ley humana. Y si el bien y el mal trascienden a los seres humanos, esto significa que alguien por encima de la humanidad debió establecer estas leyes: un Ser supremo del que dependa la verdad absoluta sobre el bien y el mal. En un universo sin Dios, lo «malo» no sería otra cosa que aquello rechazado por la mayoría de la gente o algo prohibido por la ley. Pero si el bien y el mal son de verdad el bien y el mal, son absolutos y no dependen de las opiniones de nadie ni de las leyes que se promulguen, este sería un argumento *a favor* de la existencia de Dios y no *en contra*.

4. No conocemos todas las razones que Dios tiene para permitir ciertas cosas. Consideremos la enormidad y la complejidad del universo comparado con el conocimiento que tenemos de él. El progreso científico puede llevarnos a creer que sabemos mucho, pero comparado con los complejos mecanismos a nivel molecular y los millones y millones de galaxias que aún restan explorar, nuestro conocimiento es relativamente pobre. Si Dios existe, y es el Creador todopoderoso y omnisciente de este universo, no debería sorprendernos que no podamos entender todas las razones que Dios tiene para permitir determinados sucesos. Conocer todas las razones divinas —por qué permite que haya desastres naturales o por qué permite que la gente se comporte de determinada forma— sería tener la mente y la sabiduría de Dios. Sin embargo, somos creación de Dios y debemos reconocer que no sabemos todas las cosas.

Piensa en las consecuencias

A diferencia de los objetos de la ciencia, no podemos observar a Dios con un microscopio ni crear un buen programa de computadora para entenderlo. Dios es una persona, no es un objeto. Podemos desarmar y analizar un reloj para aprender cómo funciona, pero para conocer a una persona es necesario cultivar una relación. Las relaciones requieren confianza... confianza mutua. Dios nos pide que confiemos en su bondad y en su amor, y que observemos cómo su bondad vence al mal. Jesús promete a sus seguidores que Él volverá (Juan 14:3). Dios erradicará el mal del mundo y dará una vida nueva a quienes decidieron seguir a Jesús (2 Pedro 3:9).

Creer en Dios es confiar en Él.

© Izabela Habur

Pregunta

Si Dios existe, ¿por qué hay tanto mal en el mundo?

Suposición

Un Dios bueno no causaría cosas espantosas. Si hay maldad en el mundo, Dios no puede existir.

Cuestionamiento

Todas las religiones tienen que dar respuesta a la pregunta de por qué el mundo no es como desearíamos que fuera. Tengamos en cuenta estas cuatro aseveraciones sobre la manera en que el cristianismo responde a esta pregunta.

1. Dios no causa ninguna cosa mala.

© Jim Lopes

Adán y Eva, los primeros seres humanos, rechazaron la autoridad de Dios y decidieron hacer las cosas a su manera. El resultado dista de ser agradable. El pecado y la maldad entraron en el mundo, y desde entonces, la humanidad ha tenido que vivir en un mundo «caído». Dios no obligó a los seres humanos a rechazar su divina bondad, sino que les dio libertad para elegir; aun cuando eligieron mal. Si consideramos el mal que hay en el mundo —los asesinatos, las estafas, los engaños, la tortura, la guerra y la esclavitud—, veremos que los perpetradores son seres humanos, no Dios. A veces, Dios interviene para evitar la maldad y proteger a las personas, pero otras veces deja que los seres humanos causen perjuicios.

2. Dios permite que los seres humanos decidan libremente, aun cuando decidan mal, para permitirles elegir el amor.

Supongamos que en un cuento de ficción el rey le dice a la doncella: «Por tu lealtad hacia mí, puedes elegir al hombre con quien quieras casarte». La doncella elige a un pobre fracasado, y entonces, el rey le dice: «No lo permitiré». Eso no es elegir. Supongamos que Dios interviniera todo el tiempo e impidiera que las personas hicieran el mal. ¿Tendríamos realmente libertad de decisión? De ningún modo, porque solo podríamos elegir el bien. Decidir obrar bien implica optar por conducirnos con amor. Para poder decidir amar es necesario que también tengamos la opción de *no* amar. Dios quiere que lo amemos a Él y a los demás por voluntad propia. Un amor por obligación o por necesidad no es realmente amor.

3. Creer en el mal supone la existencia de Dios.

Cuando alguien dice que Dios no puede existir porque hay maldad en el mundo, está suponiendo que el mal sí existe. La mayoría de la gente opina que la esclavitud es mala: es un sistema injusto, está mal. Sin embargo, en un mundo sin Dios, ¿qué significaría considerar que la esclavitud, o cualquier otra cosa, son «malas»? ¿Acaso la esclavitud es mala porque la mayoría de las personas la rechazan? ¿Es mala porque está prohibida

© Jose AS Reyes

«Después de intentar refutar intelectualmente el cristianismo pero sin lograrlo, llegué a la conclusión de que Biblia era verdad y que Jesucristo era el Hijo de Dios».

JOSH MCDOWELL

Material de consulta

Libros

El caso de Cristo, Lee Strobel (Vida: 2000)
Evidencia que Exige un Veredicto, Josh McDowell (Vida: 1982)
Buenas noticias acerca de la injusticia, Gary Haugen (Kairós: 2002)
Cristianismo... y nada más, C. S. Lewis (Caribe: 1977)
Las 10 Objeciones Mas Comunies Al Cristianismo, Alex Mcfarland (Casa Creacion: 2008)
Respuestas a Preguntas Difíciles, Josh McDowell y Don Stewart (Vida: 1985)
Preguntas Difíciles, Respuestas Reales, William Lane Craig (Editorial Patmos: 2005)
Lo grandioso del cristianismo, Dinesh D'Souza (Tyndale: 2009)

Folletos de Rose Publishing

- Respuestas a la evolución
- Evidencias de la Resurrección
- ¿Por qué confiar en la Biblia?
- 100 profecías cumplidas por Jesús
- Cómo nos llegó la Biblia
- El diseño inteligente

Websites

http://www.ministeriosprobe.org/ (Artículos acerca de la cultura y temas actuales)

La inclusión de una obra no implica necesariamente el aval de su contenido ni las opiniones del mismo autor o autores.

B&H Español
127 Ninth Ave.
North Nashville, TN
37234

ROSE PUBLISHING

Bible Reference Booklets
USD $3.99

ISBN: 978-0-8054-9538-6

50399

9 780805 495386

Autor principal: Jessica Curiel, Maestría en Ética y Filosofía de la Religión
Se agradece especialmente la colaboración de Peter Kanetis, Brenda Herrera y Bill Niblette.

Folleto H692X *Preguntas difíciles sobre el cristianismo*